# 陈 从 周
# 说 桥

陈从周

/著

勾慊痕

/编

社会科学文献出版社
SOCIAL SCIENCES ACADEMIC PRESS(CHINA)

百年從周

桥梁建筑，

历来是在功能与艺术相结合的传统要求下，

不断发展变化的。

它以多种多样的形态，

谐调融合于天然风景与建筑群体之中，

因而很自然地使人感受到画一般的意境，诗一般的情感。

它不仅是一种具有交通功能的设施，

而且是一件既有美感又多情趣的艺术作品。

陈从周

# 目录

# 目录

# 目录

# 一  说桥梁

桥梁建筑，历来是在功能与艺术相结合的传统要求下，不断发展变化的。它以多种多样的形态，谐调融合于天然风景与建筑群体之中，因而很自然地使人感受到画一般的意境，诗一般的情感。它不仅是一种具有交通功能的设施，而且是一件既有美感又多情趣的艺术作品。从《诗经》"亲迎于渭""造舟为梁"，到清代黄仲则的"悄立市桥人不识，一星如月看多时"之句，历代诗人词客，为桥写下了无数脍炙人口的佳句。另有以桥诗入画，或以画记桥，从对桥梁的欣赏，触绪牵情，引起一系列的联想，由赞叹而形之歌咏笔墨。这些文艺性的描绘，更为桥梁的艺术形象增添了风采。

桥梁之所以能称得上是艺术品，原因是多方面的。桥梁本身的布局、选形、用材、装饰等客观的物质因素，体现了人类很多积极的思想因素；而桥在特定的环境中，又会引起人们浮想联翩的情感，使桥梁艺术丰富而多彩。我国古代的桥梁建设者，积累下了丰富的经验，又有很多卓越的成就和宝贵的遗物，至今还有值得借鉴之处。

　　一般说来，桥造在哪里，仅是服从交通的需要，但是在众多可以选择桥址的地方，有意识地配置桥梁，这也是艺术。我国河道，存在三种情况，即大河、支流和小溪，因此，城镇的建设必须循河道而有别。城濒大河，镇依支流，村傍小溪，几成为不移的规律。而桥梁的建造，亦随之而异，各臻其妙。这样的布置随处可见，亦标志了中国城镇的独特风貌。这些控制城镇通道的桥梁，如"灞桥折柳""卢沟晓月"，送往迎来，联系着人间离合悲欢的种种复杂感情。

　　建筑群里往往配置一定的桥梁，这些桥梁常是建筑在人工开挖的池沼曲水之上。这已不是为了克服自然险阻而修桥，而是在建筑群的总体布置中将其作为一个有机的组成部分，服从一定时代下社会生活中的政治礼制或宗教思想，使人产生庄严肃穆或清虚幽静的感受。

　　中国园林，是天然胜景和人间美丽的建筑的集中组合，也是供游人开畅襟怀、赏心悦目的地方，往往使人流连忘返，徘徊不去，所以

西安灞桥全景

灞桥折柳

天安门前的金水桥

对桥的要求又有不同。中国园林中桥梁的布局和形式，完全不同于西方艺术而特具中华民族风格。

桥梁的选形，基本上决定于功能、技术、材料等因素，但是，一

定的形式会使人产生一定的艺术感受，再结合所处的环境，更衬托
出桥的姿态。燕赵的联拱平驰，屹立在骏马秋风的冀北，气势雄壮；
水乡的薄拱轻盈，凌波于杏花春雨的江南，更觉秀丽如画；泉州安

卢沟桥

平长桥，一如压海长堤，雄健为闽南之冠；大渡河边，群山高耸，
泸定桥一线横空，凌云飞渡。这些，都是桥梁结构本身所表现出来的
艺术形象。

　　不同种类的材料质感相殊。石桥的凝重，木桥的轻盈，索桥的惊
险，卵石桥的危立，令人赞赏，且色彩灿烂。桥在不同的环境中，如
山麓、平畴、水乡、海岸、园林、市街，又因晨曦、暮霭、竹翠、枫
丹、涵月、淑流，景物各异，动静自殊而形成了不同的画面。

　　桥梁除了结构本身必须具有者外，有时服从于保护结构材料等

安平桥全景

豫园廊桥

原因，而在桥上增加亭廊楼阁等建筑，使桥梁的构图起了根本性的变化。这些从功能需要出发的桥上建筑，由朴素到繁华，装饰性起了更多的作用。即使桥上并无建筑，也往往在桥头竖华表，立牌坊，傍守狮象，侧立幢塔，而栏板、柱头、石梁边，拱券的龙门石面，都可以作艺术装饰，表现出艺术的魅力。虽然桥梁主体结构的艺术性是桥梁艺术形象的主导部分，但装饰也很重要，"好花须映好楼台"，锦上添花，益增风韵。即使不采取精雕细琢的装饰艺术加工，桥的曲折、坡的缓急。踏垛的节奏，也能别赋情趣。"市桥携手步迟迟"，即咏富于韵味的拾阶登桥的乐趣。

由桥而产生的感情的联想，常常形诸文字，所以桥廊、桥亭每多题壁。而桥的命名，如垂虹（桥）、锦带（桥），点景标题，楹联诗文，亦甚多妙笔，这也是桥梁艺术的一个方面。

# 二 水乡的桥

1962年第四期《人民画报》余曾撰建筑小品《水乡的桥》。近同仁编《桥梁史话》，检此旧作，遂录于后：

提起"江南水乡"，不由得使人想到，"户藏烟浦，家具画船"一些水乡景色。每当杏花春雨，秋水落霞，更令人依恋难忘了。这明秀柔美的江南风光，是与形式丰富多变的水上桥梁分不开的。它点缀了移步换影的景色，刻画了水乡的特征，同时又解决了交通问题。我们的祖先是如何从功能与艺术两方面来处理复杂的水乡交通，美化了村镇城市的面貌。

在水道纵横、平畴无际的苏南、浙北地带，桥每每五步一登，十步一跨，触目皆是。在绿满江南的乡村中，一桥如带，水光山色，片帆轻橹，相映成趣。但在城镇中，桥又是织成水乡城镇的重要组成部分。每当舟临其境，必有市桥相迎，人经桥下，常于有意无意之中，望见古塔钟楼，与夹岸水阁人家，次第照眼了。数篙之后，又忽开朗，渐入柳暗花明的境界。

这些水乡的桥，因为处于水网地带，在建造时都运用了"因地制宜"与"就地取材"的原则，在结构与外观上往往亦随之而异。例如在涓涓的小流上，仅需渡人，便点一二块"步石"，或置略高水面的板梁，小桥枕水，萦洄村居。在一般的河流上，大多数架梁式桥，或拱桥。因河流的广狭及行船的多寡，又有一间（拱）、三间（拱）乃至五间（拱）的。上海青浦的放生桥，横跨漕港，是上海地区最大的石拱桥。江南水乡河流纵横多支，为了适应这种情况，往往数桥相望，相互"借景"成趣，亦有在桥的平面上加以变化来解决这个矛盾。宋宝祐四年（1256）浙江绍兴建的八字桥，因为跨于三条河流的汇合处，根据实际需要，在平面与形式上有似"八"字。为便利行船背纤用的"挽道桥"多数是较长的，像建于明正统七年至十一年

水乡的桥

水乡的桥

西塘卧龙桥

（1442～1446）的苏州宝带桥，为联拱石桥，计孔53，高其中3孔以通巨舟。这类长桥中著名的还有吴江的云虹桥（建于元泰定三年，1326），而于绍兴尤为常见，长桥卧波若长虹、似宝带，波光桥影，为水乡的绮丽更为增色。

桥的形式以拱桥变化最多，有弧拱、圆拱、半圆拱、尖拱、五边形拱、多边形拱等。青浦普济桥为宋咸淳元年（1265）建造，迄今已近700年了，古朴低平，其拱券结构，不失为我国桥梁发展史中的重要物证。绍兴广宁桥为多边形拱桥，重建于明万历二年（1574），雄伟坚挺。桥心正对大善寺塔，为极好的水上"对景"。在建筑材料方面，不论梁式桥还是拱桥，皆以石料为主，不过亦有少数砖木混合结构与木结构的。砖木混合结构桥，去冬在青浦发现的一座元代桥梁，名为迎祥桥，可称是比较有代表性的。它巧妙地运用了石柱木梁及砖面桥结构，秀劲简洁，宛近代桥梁。此外，除了本身外尚有用附属建筑来丰富美丽它，苏州横塘古渡的亭桥便是平添一景。宝带桥在桥边还置小塔、石狮，桥堍又建石亭，使修直的桥身产生了轻匀的节奏。

水乡的桥是那么丰富多彩，经过了漫长岁月的考验，到现在还发挥其作用，不论在艺术造型上，或者风景的点缀上，都具有鲜明的民族风格。至于结构又符合科学的根据，这是我国古代劳动人民的智慧与力量的结晶，如今，我国桥梁工作者正从这些宝贵的遗产中，推陈出新，创造出不少既有民族传统又适今日功能的新型桥梁。

发表于 1962 年第四期《人民画报》

苏州宝带桥

# 三　村居与园林

对于古代园林中的桥常用一面阑干，很多人不解。此实仿自农村者。农村桥农民要挑担经过，如果两面用阑干，妨碍担行，如牵牛过桥，更感难行，因此农村之桥，无阑干则可，有栏亦多一面。后之造园者未明此理，即小桥亦两面高阑干，宛若夹弄，这未免"数典忘祖"了。至于小流架板桥，清溪点步石，稍阔之河，曲桥几折，皆委婉多姿，尤其是在山映斜阳、天连芳草、渔舟唱晚之际，人行桥上，极为动人。

水边之亭，缀以小径，其西北必植高树，作蔽阳之用，而高低掩映，倒影参错，所谓"水边安亭""径欲曲"者，于此得之。至于曲

一面阑干的桥

岸回沙，野塘小坡，别具野趣，更为造园家蓝本所自。苏州拙政园原多逸趣，今则尽砌石岸，顿异前观。造园家不熟悉农村景物，必导致伧俗如暴发户。今更有以"马赛克"贴池间者，无异游泳池了。

农村建筑妙在地形有高低，景物有疏密，建筑有层次，树木有远近，色彩有深浅，黑白有对比（江南粉墙黑瓦）等，千万村居无一处相雷同，舟行也好，车行也好，十分亲切，观之不尽，我在旅途中，它予我以最大的愉快与安慰。这些景物中有建筑，有了建筑必有生活，有生活必有人，人与景联系起来，所谓情景交融。我国古代园林，大部分模拟自农村景物，而又不是纯仿大自然，所以建筑物占主要地位。造园工人又大部分来自农村，有体会，便形成可坐可留、可游可看、可听可想、别具一格的中国园林。它紧紧地与人结合了起来。

摘自《村居与园林》

《中国古代建筑史初稿》（1958 年版）

# 四　桥乡、醉乡

记得十几岁回老家绍兴，一大早从钱塘江边西兴乘船，看到越山之秀，越水之清，我初次陶醉在这明静的柔波里。在隐约的层翠中，水声橹声，摇漾轻奏着，穿过桥影，一个两个，接连着沿途都是，有平桥、拱桥，还有绵延如带的纤桥，这些玲珑巧妙、轻盈枕水的绍兴桥，它们衬托在转眼移形的各式各样的自然背景下，点缀得太妩媚明静了。清晨景色仿佛是水墨淡描的，桥边人家炊烟初起，远山只露出了峰顶，腰间一绺素练的晓雾，其下紧接平畴，桥远望如同云中洞，行近了舟入环中，圆影乍碎。因为初阳刚刚上升，河面上的水汽，随舟自升，渐渐由浓到淡，时合时开，由薄絮而幻成轻纱。桥洞下已现出深远明快的水乡景色，素底的浅画，已点染上浅绛匀绿，河的深广，山的远近，岸的宽窄，屋的多少，形成了多样的村居，粉墙竹影，水巷小桥，却构成了越中的特色。晌午船快到柯桥了，船头上隐隐望见柯岩，而这水乡繁荣的市镇亦在眼前了，船夫在叫："到哉，到哉，柯桥到哉，落船在后面。"船泊柯桥之下，香喷的柯桥豆腐干，由村姑们挽着竹篮到船上来兜销了，我们用此佐以菜汤下饭，虽然没有大鱼大肉，但吃得那么甘香。午后乘兴前进，船从水城门驶入市内，在我的脑海中，那点缀古藤野花的水城门与斑驳大善寺塔所相依而成的古城春色，再添上岸边花白色的酒坛在水中的倒影，既整齐又明快，逗人寻思，引我浮想，是桥乡也是醉乡。在水乡、水巷中，如果没有这许多玉带、垂虹，因隔成趣，形成千变万化的空间组合，是不可能负此嘉誉的。出了绍兴城，在舟中游览了东湖。东湖是一个水石大盆景，山岩固灵，而湖中桥横堤直，岸曲洞深，景幽波明，山影、桥影、桨影、人影，神光离合，实难形容。东湖之景，得桥始彰。舟前行两岸，新绿在目，而山映夕阳，天连芳草，越远越青，却越耐人寻味。晚晴不过暂时的依恋，转眼，已现朦胧的薄暮了。望中看到桥影中的灯火影，我们的行程快结束了。这时车已到来，在客店人员的招待声中，离开了看尽越中山水的船座，它勾起了我五十年后如梦如幻、如画如诗的回忆。也就是我垂老之年尚要编写这《绍兴石桥》的动力。

新中国成立后的 1954 年我应浙江省文物管理委员会之邀，普查浙中古建，水游了越中的名迹遗构。后来在一个暮冬的寒天，乘着乌篷船，缩身上禹陵，筹划修建工作。水寒山寂，朔风吹篷，寒不能忍，暂避桥洞之下，觉温和多了，我分外地尝到了桥的另一种滋味。至于大暑之天，桥洞又是纳凉的洞天福地。而桥头望月，桥阑乘风，桥墈迎阳，四时之景无不可爱，宜越人之爱桥，故无桥不成市，无桥不成村，无桥不成镇了。绍兴石桥之多，堪称天下第一。

小舟咿呀，帆影随衣，远山隐约，浅黛如眉，尽入圆拱。平梁之中，方圆构图，画与天工争巧。水上之景，赖桥以成，绍兴有近五千座的桥，恐穷尽天下画工，无以描其漂渺凌波之态，人但知山阴道上之美，而不知桥起化工之妙。

一舟容与清波里，两岸稀疏野菜花。

山似黛眉谁淡扫，水边照影有人家。

青青隐隐水迢迢，是处人家柳下桥。

晓雾蒙蒙春欲醉，黄鹂几啭出林梢。


三步两桥接肆前，市头沽酒待尝鲜。

渔舟唱晚归来近，水阁人家尽卷帘。


　　这三首是我那次去安昌镇归途中写的，绍兴的村镇，其幽闲恬淡，适人乡居，确是耐人寻味，甘心终老之处。桥在整个村镇中起着联系的作用，东家到西家，南头往北头，都要经过桥，桥与桥相连，桥与桥相望，而相隔人家白墙灰屋，倒影在水流中，水上有轻快的脚划船，有平稳的乌篷船，门前屋后皆是停舟处，划船对老人小孩来讲，仿佛城市中的自行车，太方便了。老人戴了毡帽，悠闲地坐在小舟上，口含了短短旱烟管，两脚有节奏地运动着，舟如一叶飘水，景物神态，悠闲自适。安昌这个镇上有着十余座不同桥梁，支流上还有小桥，桥边酒楼临水，人语衣香，暮春初夏，夕阳斜射于桥的鬓边，照影清澈，数声早蝉，声嫩音娇，向晚的五月天，景不醉人人自醉了。这样的水上人家，绍兴处处皆是，也唯有在绍兴处处都能领略到。

　　"小桥通巷水依依，落日闲吟到市西。柔橹一声舟自远，家家载得醉人归。"人们都称美绍兴城，是水乡城市，我说绍兴是水乡村镇、水巷城市，比较妥帖一些，因为绍兴城外弥漫着广泛的河流与湖泊，村镇都安排在水上，无处不可通舟，而城市呢？周以护城河，环以城墙，有陆门水门。过去水门交通，远超陆门，那大舟小船，清晨鱼贯入城，中午或傍晚又相继返乡。城中的交通很多是水陆并行，有一路一河，有两岸夹河，亦有只存水巷，仅可通舟。所以河道成为绍兴的动脉，无水未能成行。而桥名又多取吉利，每当喜庆，花轿行径所过之桥，在西北方向要过万安、福禄两桥，东北要过长安、宝祐两桥，往南要经五福、大庆两桥，事虽近迷信，亦可以看出绍兴桥梁之多，与人们的生活所起紧密的关系。在城市因桥所起的街景，亦就是人们所谓的水乡景色的组成中心。这些有桥与塔，桥与住宅，桥与廊，桥与寺观，桥与戏台，桥与牌坊……而建筑物中又点缀了桥。其形式大小，可说是因地制宜，极尽变化之能事。从步石、纤桥、梁桥、拱桥、三脚桥、八字桥……古代劳动人民凭其对石桥的巧妙运用，可以灵活自如地应付各种水上的需要，那是太伟大了。如今新建之桥几乎只有一种拱桥形式，有点太单调了吧？

绍兴太平桥

几人识得闲中乐，邂逅风情别样浓。

日午闻香桥下过，乡人贻我酒颜红。

玉带垂虹看出水，酒旗招展舞斜阳。

人生只合越州乐，那得桥乡兼醉乡。


　　桥乡、醉乡，唯绍兴得之，在城乡风光的组成中起主导作用的，应该归功于桥，我们用桥作为线索，将绍兴水上风光记录了下来，这是一方面。另一方面，绍兴是我国石桥宝库，在世界桥梁史中占极光彩的一页。我们对它的桥做了全面的调查，前后花了三年多的时间，虽然不能说行遍了每条河流，但基本上是做了尽己所能的普查了。工作中有春秋佳日，有炎日寒冬，也遇到雨狂风暴，总之大家是付出了一定劳动的。


1982 年，后收入《春苕集》

# 五 老去情亲旧日游

《浙江日报》钱塘江副刊来信，要我写点东西，像我这样一个平凡的人，又有什么好写的呢？可是这个命题却触动我的乡情。前年我回杭州，乘汽车到龙游路去。我向售票员买票，说了一声钱塘门，她说不知道，我接着说昭庆寺，她又说不知道，并透露出了不耐烦的样子。停了一会，她才说："少年宫？"我点点头。总算解决了我这似曾相识归来人的迷路问题。一个投老情怀的人，今天薄负时誉，常常饮水思源：我的知识是从哪里来的？因此对童年、少年时代的老师，也时刻在回忆着。去年我为《上海教育》写过一篇《童年的老师》，就是抒发对小学时代的故乡那位女老师的依恋之感。今年清明，我为在浦江去世的那位前蕙兰中学图画老师张子屏先生的墓竖了一块碑，我们四个学生署名：董希文、朱畅中、裘昌淞与我。接着杭州市二中校庆（蕙兰中学是它的前身）我题了"如蕙之洁，似兰之芳"八个字，这是蕙兰中学的校歌。今天如果我们能照此办学，也可算不错了。因此想到校歌的重要性，它能教育人，使人老去难忘。前几年我因永康方岩的风景规划事，停留在当地。在荒冢中找到了我初中时代的启蒙老师胡也衲先生墓，我联合叶浅予、申石伽、童友虞几位学友，为胡先生墓竖立了墓碑。我因而在《文汇报》上写了一篇短文，居然引起教育界的震动。为师竖碑本是极平常的事，可像我这样后来曾拜大师张大千为师的人，对早年的师辈很有可能遗忘，甚至不肯承认。乡土的怀念，是由情产生的，师谊是一种最高尚的情操，亦是产生乡情的重要因素。

龚自珍有一句诗："无双毕竟是家山。"他爱西湖，当然我也爱西湖，但我更爱浙江的山水。我总觉得"明秀"二字，对它来说，确实担当得起，它有山有水，那种空灵清逸的境界，我觉得全世界少见。"村茶未必逊醇酒，说景如何欲两全。莫把浓妆欺淡抹，杭州人自爱天然。"西湖如此，浙东西山水何尝不是如此？景观没有特色，就不能迷恋人。最近我应厦门市之邀去商略风景规划，火车在浙江境内行，一草一木我都不轻易放过。尤其闸口的采石场、将台山下的水泥厂，如今不见黑烟不闻机声了，多令人高兴。

绍兴的石桥，可说是天下第一，我对它有过"垂虹玉带门前事，万古名桥出越州"的赞扬。随着不符规划的市政与交通设施的出现，石桥一天一天少下去。五年来我进行了调查与研究，成《绍兴石桥》一本（将由上海科学技术出版社出版）。"赢得越州千古誉，一图一字汗盈盈"是我的心境，可是现在有很多桥仅存于我书中了，河也填掉了，言之唏嘘。水乡、桥乡、醉乡、兰乡的绍兴，如果桥与水没有了，水乡、桥乡之名将随历史而逝去，如何谈得上是我国历史文化名城之一呢？同样浙江东西的桥还是闻名天下，如永康武义的廊桥，山区的溪桥，水乡的石桥，都是代表地方风味的。

"老去情亲旧日游。"午卷抛睡，一口气拉杂写了这些，"乃翁依旧管些儿，管竹管山管水"，以答编者雅意。

1984 年 5 月

# 六 说绍兴

绍兴石桥，千姿百态，数量之多委实惊人。近年来我编著《绍兴石桥》一书，进行了比较全面的调查，才知道在四千座以上。洋洋乎大观哉，怎样不可称为桥乡呢？"姿容留得千秋貌，未把河梁一样形。"桥形式固多，其点缀而成水乡景物者在乎此。水乡总是赖桥名，水乡如果没有桥，那什么好景也形成不了了呢。桥洞正如画框，有圆有方，它与桥的高低横直起巧妙的构图，远山近水烘托得那样调和。我曾说过，江南的特色是软风柔波。去过绍兴的人，在感情上，必留下这种难以磨灭的印象。因此绍兴风光，可说是桥的风光，平地、山区、市坊、名胜，以至前街后巷，无处不是桥。"粉墙风动竹，水巷小桥通。"水巷在绍兴很普遍，巷中行船，十分方便。绍兴人对于船的理解，真是无船不能行。那小船有如自行车，男女老少，个个能用。"临流呼棹双双去，红柿盈筐入暮秋。"生活在城市中的人，谁能不羡慕这种水乡生活呢？

水离不了桥，桥又是因水产生，两者相依为命，越水清，越山秀，水又离不了山，古人说山阴道上，亦就是山与水所构成的越中山水特色。越水弥漫，平静如镜，故有名镜湖，而小流萦洄，自成村落，处处人家。柳下枕桥，晓露蒙蒙，莺啭林梢，无水不成景也。

摘自《说绍兴》

# 七　绍兴的沈园与春波桥

前几年我因绍兴的禹庙与兰亭的修复工程，到绍兴去了，住在鲁迅纪念馆。相近有一座春波桥，桥边就是沈园，里面并设了南宋爱国诗人陆放翁（游）的纪念馆。沈园亦经过整理，新筑了围墙，常常有从各地方去凭吊的人，尤其是在春日。这里是陆放翁最有名的一首作品——《钗头凤》词的诞生地。这词使人联想到陆放翁在旧社会封建势力压迫下的一幕悲剧。

沈园在春波桥旁，现存小园一角，古木数株，在积土的小陂上，点缀一些黄石。山旁清池澄澈，环境至为幽静。旁有屋数椽，今为陆放翁纪念堂，内部陈列了放翁遗像以及放翁作品。根据记载，沈园在南宋是个名园，范围比今日要大几倍。

放翁原娶唐婉，是他母亲的侄女，两人感情很好。后来因为他母亲不喜欢这位媳妇，放翁又不忍出其妻，将她移居到另一个地方，但终迫于母命而分开了。唐婉不得已改嫁给当时的宗室赵士程。有一次正月，两人相遇在城南禹迹寺（今尚存，建筑物已重建）沈氏园。酒间放翁赋《钗头凤》一词，题于壁间，词云："红酥手，黄藤酒，满城春色宫墙柳。东风恶，欢情薄。一杯愁绪，几年离索。错，错，错！春如旧，人空瘦，泪痕红浥鲛绡透。桃花落，闲池阁。山盟虽在，锦书难托。莫，莫，莫！"唐婉的和词云："世情薄，人情恶，雨过黄昏花易落。晓风干，泪痕残，欲笺心事，独语斜阑，难，难，难！人成各，今非昨，病魂常似秋千索。角声寒，夜阑珊。怕人寻问，咽泪装欢。瞒，瞒，瞒！"这年是绍兴廿五年（1155），放翁31岁。不久唐婉死，这对放翁当然是一个刺激，这刺激与隐痛可说一直延续到他将死。绍熙三年（1192）放翁68岁，又作了一首诗，序云："禹迹寺南有沈氏小园，四十年前尝题小词壁间，偶复一到，园已三易主，读之怅然。"诗云："枫叶初丹槲叶黄，河阳愁鬓怯新霜；林亭旧感空回首，泉路凭谁说断肠。坏壁题诗尘漠漠，断云幽梦事茫茫；年来妄念消除尽，回向浦龛一炷香。"放翁晚年是住在城外鉴湖畔的山上，每次入城，必登寺眺望沈园一番，因此又赋诗二首，诗说："梦断香消四十年，沈园柳老不飞绵；此身行作稽山土，犹吊遗踪一泫然。""城上斜阳画角哀，沈园无复旧池台；伤心桥下春波绿，曾见惊鸿照影来。"这两首诗的末后两句写得那么真挚，今日熟悉这诗的游客过春波桥[1]，望了桥下清澈的流水，总要想起这两句来。此时的放翁已 75 岁了。到开禧元年（1205）放翁 80 岁那年，又作了题《岁暮梦游沈氏园》的两首诗："路近城南已怕行，沈家园里更伤情；香穿客袖梅花在，绿醮寺前春水生。""城南小陌又逢春，只见梅花不见人；玉骨久成泉下土，墨痕犹锁壁间尘。"已是垂老的情怀，尚是难忘这段旧事。

我们谈了这一些诗词，使人很清楚地明白了这一个故事与沈园及春波桥的由来，但见文字是那么平易能懂，情感与意思那么深刻动人。如今人民政府已将沈园修复，又添设了纪念馆。旧社会一去不复返，旧的封建制度再也不会来。我想放翁地下有知，亦当含笑于九泉了。

载 1963 年 10 月 2 日香港《文汇报》

---

1　绍兴同样尚有一座春波桥在城外。宝庆《会稽志》云："在会稽县东南五里，千秋鸿禧观前，贺知章诗云：'离别家乡岁月多，近来人事半消磨。唯有门前鉴湖水，春风不改旧时波。'故取此桥名。"现在沈园前的春波桥，正对禹迹寺，嘉泰《会稽志》及乾隆《绍兴府志》均名禹迹寺桥，清光绪时重修，改名为春波桥。

# 八　绍兴的宋桥——八字桥和宝祐桥

今年一月因禹陵与兰亭修理工作，再赴绍兴，于是做了这次调查，同行的有浙江文管会朱家济及张家骥同志，张家骥同志并帮助进行了测绘工作。

这次调查所得除八字桥系宋理宗宝祐四年（1256）所建外，又发现另石桥名宝祐桥的，系宋理宗宝祐元年（1253）所建，较前者还早三年，更是一件意外的收获了。绍兴系浙东水乡，河道纵横，与苏州并为江南水城。同时附近又产石，因此石桥甚多。实为研究古代桥梁的一个重要地区。宋桥我们除在宋画李嵩的《水殿纳凉图》、张择端的《清明上河图》等上面见到外，实例至为难得。这两座桥，在中国建筑史与桥梁史上不失为重要的证物了。

八字桥位于绍兴市城区的东南，因为跨于三条河的汇合处，根据实际的需要，于是在平面与形式上有似"八"字，因此大家一向都名之为八字桥。

这桥跨于南北流的一条主河之上，在主河的两侧尚有小水二条，一从东流入一从西流入，而大道仅自西向东迄桥为止，桥东则为民房，桥南沿河两岸皆为主道，桥北东岸亦同为主道，因此在平面的处理上，就根据交通的需要安排了，于是桥的踏跺，在桥南是用两道，在桥北是用一道，在桥西也用一道，因为桥南的系对称，复向前略作斜状，并不是平行的，远远望去好像一个"八"字。另外在桥的东西两支水上，复构二小桥，西桥又为主桥的一部分。此二小桥形式也为梁式，唯皆无石柱，如今两支流已埋没，东桥也已拆除。

桥是梁式石桥，每面置石柱九根，石柱下的结构，是用大条石两层，下层约高 80 厘米，上层约高 1 米，其上置石柱，石柱之底置于槽内以资牢固，条石下系大块乱石，以当地一般石桥做法而论，最下当有木桩。石柱高约 4 米，并不是垂直竖立，略有"侧脚"，其方向朝外，紧贴于两侧金刚墙上，以增其稳定。石柱上置大石梁一层与石柱平行，其上则为石梁，长约 4.85 米，外侧用石二层，略作月梁形。

阑干系石制，望柱上多数刻有捐者姓名，望柱头雕作复莲形，寻杖下用云栱斗子，云栱的云纹是凸出刻的，阑版只一层无雕刻，这些阑干显然不是一个时代的，和附近的明代万历二年（1574）修的广宁桥阑干雕刻相较，一部分阑干刻法生硬平浅颇多似处，则明代重修所换甚多，到清代及以后亦有增补，但大体上形式还能一致。

这种桥的形式，在设计时解决了比较复杂的交通问题，给我们今日的工程上很大的启示，这种做法在宋代可能很普遍，《南宋古迹考》吟竹锁成的跋上说："如清湖一条，考中专指运河一注，未免凿矣，不知周淙淳祐《临安志》载：清河自流福沟引湖水入城，潺潺东流，至众安桥而止。皆谓清湖。又按陈宗之（超）题武衍寓居清湖诗云：二水合流当户过，一山分影入楼来。以近日形势考之，当在今驻防营八字桥左右为是，而清湖河之名，于是乎有佐证，今运司河安得有二水合流之迹乎。"文虽出清代人之笔，然"二水合流"与"八字桥"之称，在河流与桥的形式方面，不无可以参证之处。

建造年代，在桥下西面的第五组石柱中有"时宝祐丙辰仲冬吉日建"的正书题字，高三尺二寸，宽五寸五分，字径四寸（尺寸系据乾隆《绍兴府志》）。案宝祐丙辰为宋理宗宝祐四年（1256）。据清乾隆《绍兴府志》："案桥已载嘉泰（会稽）志，而以两桥相对而斜状如八字得名，此盖记重建之书月，非创造也。"据此则此桥系宝祐间依原来形式重建，到清乾隆二十八年（1763）杨周圣重修，1922 年 5 月又重修一次，皆见阑版上题记。如今踏跺上有水泥行车道二行，大约即这时所加的。

宝祐桥在绍兴市城区之东，亦系梁式石桥，计面阔三间，其结构形式为石柱上加石梁，梁上凿槽置木梁，上再加石梁，如今木梁仅存一根。主桥部分甚平，其宽度约为 5.75 米，长约 11 米，因河中需通过较大的船，所以必须超出水面略高，致其前后必各引以一段踏跺。近岸石柱上的石梁，是用二层，在大石梁上再加小石梁，而石柱也较当心间的为低。桥两侧施石阑干，当心间的时间较迟，即左右次间的亦非原构。

建造的年代，在桥的两侧当心间石柱上，均刻有正书字二行，其左："时宝祐癸丑。"其右："重阳吉日立。"每方高二尺三寸，广六寸，字径五寸（尺寸据乾隆《绍兴府志》）。案嘉泰、宝庆二志均未载此桥名，可能以前或另有一名。宝祐癸丑是宋理宗宝祐元年（1253）。绍兴南宋遗构著名的尚有附近的大善寺塔，这塔过去未能肯定是哪年建造，但我在勘察时发现了刊有"绍定戊子重修碑""荣王夫人造"的砖，则此塔建于宋理宗绍定元年（1228），与上述二桥为同时间的建筑了。宝祐桥在清道光十六年（1836）十二月吉日有望百老人陈□□者重建一次的题记，当然是指桥面与阑干等部分了。

八字桥之北尚有桥名广宁桥，为多边形拱桥，雄伟坚挺，桥心正对大善寺塔，为绝好的"对景"。据桥上石刻题记，桥系重修于明万历二年（1574），距今也将近四百年了。

载《文物参考资料》1958年第7期

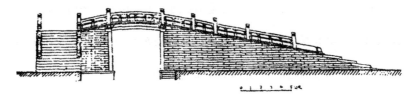

八字桥北立面图

# 九　八字桥

　　桥在绍兴城东，两桥相对呈斜状如八字，故得名八字桥。主孔桥下西面第五根石柱上刻有"时宝祐丙辰（1256）仲冬吉日建"，正书题字。清乾隆四十八年（1783）曾经重修，是我国现存最古老的城市桥梁，也是绍兴最古的石桥，为著者1958年调查中发现。

　　桥为梁式桥，东西方向，跨越无名河。由于桥处三条街三条河的交错处，因此桥坡道与一般桥梁不同。桥高5米，净跨4.5米。桥面条石并列，微微拱起，净宽3.2米，桥下设有纤道。

　　石壁式桥台，台面用九根石柱并列置成，石柱支在两层大条石

八字桥

两岸群山如入定，扁舟来往从容。乍疑无路却相逢。粉墙风动竹，水巷小桥通。潋影波光长作态，鱼龙唼影其中。江湖老去羡归篷。乡音犹未改，雪菜味无穷。（1982年冬勘察绍兴石桥）

八字桥桥面与桥栏

上，上层条石高约 1 米，下层高约 80 厘米。条石下系大块乱石，下面当有木桩。石柱高约 4 米，并不垂直竖立，而略有"侧脚"，其方向朝外，紧贴在两侧金刚墙上，以增加稳定。

石桥栏，望柱上多数刻有捐者姓名，望柱头雕作复莲形，寻杖下用云栱斗子，云栱的云纹是凸出刻的，属明清重修或增补。

《嘉泰会稽志·桥梁》载有："八字桥在府城东南，两桥相对而斜，状如八字，故得名。"由此可知，桥在宋嘉泰年间（1201 ~ 1204）已经存在，经 50 余年原桥坍后，再按原样重建。

桥为浙江省重点保护文物。1982 年绍兴市文管会对之做全面修缮。

八字桥主孔石梁

八字桥石壁式桥台上的刻字

八字桥栏板细部

八字桥落坡下面的小孔

八字桥纤道

# 十 與龙桥和天佑桥

桥在袍谷洋江，把河东与河西的杨家村连接起来。为堤与桥相结合的多跨石梁桥。桥由东面的五孔天佑桥（4.30 米、5.25 米、7.75 米、6.40 米、5.12 米）和西面的三孔與龙桥（4.80 米、5.40 米、5.15 米）组成。天佑桥东以长 23.20 米的河堤与东岸衔接，河堤至桥头用十三级石级抬高桥位，與龙桥西由长 4.20 米的河堤与西岸衔接。两桥之间用较矮的四孔石梁桥相连，四孔石梁用了三个桥墩，两头借用大桥墩，三个桥墩中两个小，一个大，以增加泄水面。两桥全长 99.29 米，宽 2.20 米，主桥桥墩宽 0.80 米，实体桥栏。河堤桥栏杆尺寸 48 厘米×16 厘米，主桥栏杆尺寸 50 厘米×20 厘米，望柱高 75 厘米。

桥东原有凉亭，亭中有建桥碑记，现已拆，桥碑记明桥重建于 1916 年。

興龙桥和天佑桥

舆龙桥及天佑桥

天佑桥桥面

天佑桥桥墩

天佑桥平桥

# 十一　太平桥

　　桥在柯桥区，跨越萧绍运河，是一座一孔净跨 10 米的石拱桥与九孔净跨 3 米至 4 米的高、低石梁桥相结合的多跨桥梁。桥面宽 3.4 米，拱桥在南，为通航主孔，石梁桥在北。

　　桥建于明天启二年（1622），清乾隆六年（1741）、道光五年（1825）相继重建。现存桥建于咸丰八年（1858）。桥头有《重修碑记》等四块，附近建有石亭、石牌楼（已拆毁）。拱桥顶部"太平桥"三字清晰显眼。

　　拱券为纵联分节并列砌筑的半圆拱，纤道沿拱脚贯穿而过，拱桥南端落坡中设平台，经平台折向东西两面下桥。靠着拱桥的三跨梁桥

太平桥纤道与上桥坡

太平桥双向桥坡

太平桥拱桥桥面与双向桥坡的接合平台

太平桥拱桥与梁桥桥面接合平台

太平桥拱桥桥梁

太平桥望柱石狮

太平桥牛腿支承石梁

较高，跨度较大，然后以三孔一组逐次下降，至北端与船码头相接。全桥布局既利于排洪和兼顾众多的大小船只通航，也便于陆上交通，工程上又省工省料。望柱、阑板、抱鼓上图案雕琢精致美观。

太平桥桥面

# 十二　纤道桥

　　桥在柯桥区阮社乡，与萧绍运河平行，俗称百孔官塘，又称铁链桥。建于清同治年间（1862～1874），长达386.2米，共有115跨，每跨净跨2米左右，桥面用三根条石拼成，宽1.5米，桥墩用条石干砌，墩厚1.5米。桥底一般都接近水面，只有东端第45跨较高，以通小舟。桥头两端各设茶亭一座。

　　这种桥型，全国其他地区未曾发现过。该地区颇多，有长达1～2公里的，目前还有凡江的贯虹桥和两处残迹，一处在钱清附近，一处近绍兴城。

　　1983年文管会已把该桥整修新。

《纤道桥碑记》：

　　自太平桥至板桥止所有塘路以及玉、宝带桥计二百八十一洞。

　　光绪九年八月

　　乡绅士章文镇、章彩彰重修，匠人毛文珍、周大宝修。

纤道桥

纤道桥

纤道桥低孔

纤道桥高孔

纤道桥重修碑记

背纤

# 十三　如意桥

　　桥在南钱清，距钱清不到 5 公里，单孔石拱桥，净跨径近 10 米，桥宽约 4 米，是绍兴古拱桥中较大的。1983 年被拆除。拱券由 9 块拱石组成，为分节并列砌置，每节有 6 块拱板石，每块拱板石宽 65 厘米，厚 27 厘米。拱宽而无横系石，桥面无石级踏步，桥纵坡平缓。桥拱属薄拱券。

　　拱肩上镶有一块清咸丰四年（1854）重建碑石，从多方考察，该桥似属宋末元初的古石桥。

如意桥

如意桥拱券

如意桥拱券分节并列砌置

# 十四　光相桥

　　桥在城西北，环城公路旁，单孔半圆形石拱桥，全长 20 米，桥宽 6 米，石级桥面，两边各有 21 石级。拱券似纵向并列砌筑（因纵向缝并不对直），似属宋、元代桥梁。拱石有莲花座图案，上刻有"南无阿弥陀佛"，一块拱石上还刻有"古有光相……至正□年五月吉日……"等等。桥拱四分之一处有兽头横系石两根。

　　在杜春生《越重金石记》中载有"光相桥题记"，桥始建于东晋，清乾隆与嘉庆年间均重修过，靠桥端一根莲花瓣望柱上刻着"隆庆元年（1567）吉日重修"。为市级重点文物。1982 年又经绍兴文管会修缮。

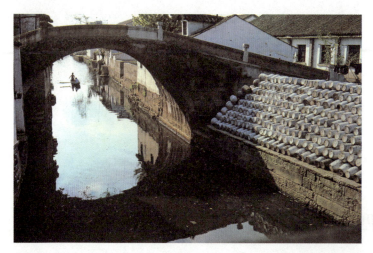

光相桥

光相桥桥面

光相桥拱券与长系石

# 十五　昌安桥

桥在县城昌安西街，为五边形单孔石拱桥，全长 18 米，净跨 4.80 米，桥面上狭下宽，顶宽 2.90 米，下宽 3.45 米。实体栏杆，50 厘米 × 23 厘米。拱券为多格式纵联分节砌置，为拱券砌筑方法中别树一帜。拱券石厚 20 厘米。

《吴越备史》记有唐乾宁三年（896）钱镠改昌安门桥，因门而名。宋《嘉泰志》清《山阴县志》皆载有此桥。

昌安桥

昌安桥桥面

# 十六 谢公桥

桥在城内西小路，明朝宰相吕本府第之旁。始建于后晋（936~946），清康熙廿四年（1685）重修。《宋·嘉泰志》记有："在新河坊以太守谢公所置，故名。"

单孔七边形石拱桥，长 28.5 米，净跨 8 米，桥面呈八字形，顶部净宽 2.95 米。拱券为纵联分节并列砌筑，拱券石厚为 18 厘米 ~ 20 厘米，拱横系石 18 厘米 ×18 厘米。拱石每块都有刻字及莲花座图案，刻字的百分之八十都为修桥捐款人姓名，"信士 ×××捐"占绝大多数，似乎与佛教等有关。桥下有块正方龙门石，上刻有龙形浮雕，栩栩如生。桥基采用双层基石，在开濬河道中未见木桩。

谢公桥

谢公桥桥面

谢公桥桥面石细部

谢公桥拱顶

谢公桥桥边踏步

谢公桥龙门石雕刻

谢公桥捐款刻石

# 十七　柯桥大桥

桥在柯桥镇中心，为明代建筑单孔石拱桥，高耸雄伟。桥跨径10米，宽6米，它与五丰桥、柯桥相鼎峙。因该桥建于原融光寺门口，又称融光桥。

《嘉泰志》记有：柯桥"在县西北二十五里，蔡邕避难江南，宿柯亭之馆，取屋椽为笛注柯亭"。《俞志》：柯桥在绍兴"府城西北三十里，桥东有城隍行宫"。清《越中杂识》记有：桥为"汉蔡邕取柯亭椽竹为笛处，桥侧向有笛亭，今为土地祠"。说明桥在宋朝以前就有了。

该桥为绍兴市级文物保护单位。

柯桥大桥

# 十八　永嘉桥

　　桥在大皋埠村，为五边形石拱桥，底边斜置。桥上刻字记有"大明正德辛巳（1521）六月吉日建"。

永嘉桥

永嘉桥拱券石上刻字

永嘉桥拱券

# 十九　拜王桥

桥在城内府山直街南端，五边形单孔石桥。《越中杂识》记有："唐末，钱（镠）武肃王平董昌，郡人拜谒于此，梁太祖即位，后封吴越王，故桥以拜王名。"《万立志》又名登瀛桥，清康熙二十八年（1689）知府李铎重修，更名丰乐桥。

桥长 40 米，桥跨 5 米左右，桥宽 2.65 米，拱券 3.50 米。拱石上有大洞两个，疑是修理、架设石梁时搭脚架之用。

拜王桥

拜王桥拱顶细部

拜王桥拱券

拜王桥横锁石细部

拜王桥桥边踏步

# 二十　迎恩桥

桥在城西廓门（又名迎恩门），跨越南大江，又名菜市桥，单孔七边形拱桥。在大小河丁字交叉口上。左右两边拱顶石上"迎恩桥"三字清晰可见。桥栏杆图形为金钱形等，桥顶栏杆栏板为座椅式，以便夏日乘凉小憩。石级桥面，两边石级分别为13级与14级。桥跨径近10米。

《绍兴县志余辑》记有：桥建于"明天启六年（1626），方向南北，质料用石，一方洞，桥面广度一丈，上有石栏"。

桥边曾有雍正十一年（1733）题的碑记，刻有"见龙在恩"四字，早已不存。

迎恩桥

迎恩桥侧景

迎恩桥桥栏

迎恩桥桥面、坐栏、栏杆、石狮

# 二十一  古小江桥

桥在城北江桥头，单孔半圆形石拱桥，全长 23 米，净跨 5.8 米，桥面净宽 3.1 米。拱圆为条石板分节并列砌筑，每列 6 ~ 7 块。栏杆雕琢精细，图案优美。望柱粗而矮，两柱间衬置栏板，栏板形似靠背式石凳，可供行人憩息。

古小江桥

古小江桥坐式桥栏

# 二十二　三江闸桥

　　这是一座桥闸结合的建筑。它始建于唐太和七年（833）。明嘉靖十六年（1537）知府汤绍恩勘察地形，依峡建闸。闸高三丈三尺，长46丈，有28个洞闸，闸上架梁可以通行。因用二十八星宿的名称来编号，故又称"应宿闸"。

　　闸桥横跨钱清江，位于钱塘江、钱清江和曹娥江的汇合处，是绍兴、萧山两县水流的主要出口，泄水流域达1520平方公里，至1972年新闸桥建成前的数百年中，对两县的农业生产和人民生活起过重要的作用。

　　闸桥全长108米，顶面宽9.16米，全部建在天然岩基上。在每个闸洞底下的岩基上，设置内外槛，以承闸板。由于闸桥一面要排泄洪水，一面要阻拦钱塘海潮倒灌，故所有的桥墩均为两头尖的梭子墩，简称"梭墩"。梭墩用一块块重约千斤的大石，自下而上筑成，底层与岩层合卯，再灌注生铁，每层块石之间，用榫卯衔接，并以灰秫胶住。每隔五墩设置一个大梭墩，关键地段，仅隔三墩。梭墩深浅视岩基高低而定，最深的为5.14米，最浅的是3.40米。梭墩、闸门、桥均用大洋山的石料制成。

为充分发挥桥闸的排洪、蓄水、拦潮的作用和有效地保护桥闸，有关方制定了各种条例和建立了管理制度。明朝就有《萧公大闸事宜条例》《余公修闸成规条例》，清朝有《三江修闸成规》等。清咸丰元年（1851）在山阴火神庙立有水则碑，碑上凿有金、木、水、火、土五字，作为测量水位标高的符号。内河水位涨至"火"字脚下（高6.69米），则开八洞；涨至"水"字脚下（高6.82米），便开十六洞；涨至"木"字脚下（高6.90米），就开十八洞。在三江闸内亦立有水则碑一块。碑石在1969年被破坏。

据记载，明嘉靖十四年（1535）汤绍恩出任绍兴知府时，三江口淤沙十分严重，内水不能外泄，积涝成灾，旧塘损毁，不能蓄水。次年又遭大旱，田园荒芜，颗粒未收，民有易子而食。汤绍恩决心建闸治水，当即亲自对沿海一带勘察，发现三江口虽然地处要塞，可是潮大沙松，难以建闸。而三江口内彩虹山带石岸交错。有理想的天然石基，决定在该处破土造闸桥。闸桥建成后经万历十二年、崇祯六年、康熙二十年、乾隆六十年、道光十三年以及1933年六次修理。现在大闸东南一段的八小墩、三大墩、十二孔（即角、亢、氐、房、心、尾、箕、斗、牛、女、虚、危孔）和西北一段的八小墩、二大墩、十一孔（即昂、毕、觜、参、井、鬼、柳、星、张、翼、轸孔），计二十一墩（其中五个大墩）、二十三孔仍为明代原物。

数百年的修闸中，积累了许多经验。诸如修补缝隙方面，有用沃锡加灰秫来填充；有用废铁破缸填塞，然后再用石灰、羊毛、纸筋、盐卤和糯米捣合而成的"羊毛纸筋"弥缝；有用渔网包石灰填塞缝隙的。道光十三年（1833）修理时，因近水处难用石灰，改用油松削针临时填塞，待到冬季，筑坝车水，在底部隙缝处灌锡填补。1933年修理时，就采用了一比三水泥砂浆灌注的方法。

三江闸桥

# 二十三　宝珠桥

　　桥在城西龙山后街，红旗路与光明路交界处，七边形拱。乾隆《绍兴府志》记有："宏济桥，即火珠桥。嘉泰《会稽志》：火珠桥，在火珠山上。《山阴县志》：本名火珠桥，嘉靖时郡守南大吉名宝珠，知府汤绍恩重修，改今名。"桥西北侧台坡边墙上有一通高 1.40 米、宽 0.55 米石碑，字迹大部模糊，仅可辨认"乾隆十四年重修""……重修桥碑"等字。

　　桥东西走向，总长 30 米，桥宽 3.95 米，石级桥面，一边为二十五台级，另一边为二十四台级。实体桥栏杆，桥下设有纤道，而沿河纤道已无。龙门石有七块，中间一块最大，上有仙桃浮雕图案，两边六块有龙浮雕图案。

宝珠桥

宝珠桥桥面

宝珠桥重修石碑座

# 二十四　虹桥

　　虹桥在西廓门外 1.5 公里，是一座石梁式廊桥。《越中杂识》记有：
"宋理宗少时尝浴于此，稍东有会龙堰，为余天锡遇宋理宗处。"

虹桥

# 二十五　广宁桥

　　桥位于城东，八字桥北数十米，始建于南宋高宗以前，至明万历二年（1574）重修。站在桥上可见城南诸山。桥心正对大善寺塔与龙山，为极好的"水上"对景。自南宋以来，一直是纳凉观景之处。明修洁士朱亢宗曾作诗怀古惆怅："河梁风月故时秋，不见先生浅杖游。万叠远青愁对起，一川涨绿泪争流。"

　　广宁桥为七边形拱桥，全长60米，宽5米。24根桥栏柱都雕以荷花，雄健厚实，柱板花纹，幽雅大方。桥洞顶拱石上，刻着"鲤鱼跳龙门"等六幅石刻，甚为精致。桥拱石上刻有捐资修桥者的姓名。

广宁桥拱圈、桥下纤道

广宁桥

广宁桥拱石、纤道

广宁桥河沿

广宁桥望柱

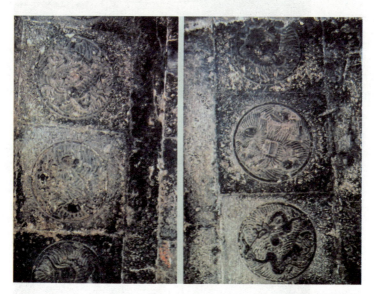

广宁桥龙门石雕刻

广宁桥长系石头刻

　　《绍兴县志余辑》记有：桥"方向东西，一圆洞，高三四丈，长十
余丈，桥面广度为二丈，上有石栏甚坚，有碑亭。是越中大工程"。

　　该桥为市级保护文物。

广宁桥栏板

广宁桥桥栏结尾石

广宁桥纤道

# 二十六　题扇桥

桥在城东北角，昌安门附近戒珠寺前，为单孔石拱桥。

《晋书·王羲之传》记有："尝在蕺山见一老姥持六角扇卖之，羲之书其扇，各为五字，姥初有愠色，因谓姥云：但言是王右军书，以求百钱邪。姥如其言，人竞买之。他日，姥又持扇来，羲之笑而不答。"

拱券石上有浮刻幢形，望柱头为明朝式莲花形。《绍兴县志余辑》有：道光八年（1828）戊子仲夏创建。晋王右军题扇处，方向南北，质料用石，有石碑，中隶书，旁草书，今存。圆洞，桥面广度一丈三尺，上有石栏，有道光时题碑。

题扇桥

题扇桥桥面及栏杆

题扇桥上旗杆插座

# 二十七　画桥

　　画桥与黄泾桥、屏秀桥均在鉴湖去壶觞的塘路上，桥间路堤上都设有凉亭。桥在亭山乡钟堰村，建于清道光丁酉年（1837）。

　　画桥为十五孔石梁桥，由五孔大孔、十孔小孔组成，既能满足各种船只航行的需要，又可达到排洪、经济的目的。大孔最大跨径为5.70米，全桥总长（不计桥堍长）为62.7米，桥宽2.00米，由三块石板组成。实体矩形桥栏，断面为50厘米×16厘米。

画桥

# 二十八　浪桥

桥在柯桥镇西"姚先烈（长子）绝倭纪念碑"旁。全桥呈少见的圆弧形，由二十余孔石梁桥组成，采用不同体形的桥墩，使全桥呈圆弧状。桥宽 2.0 米，由三块条石组成，每孔跨径在 3.50 米左右。

桥上刻字很多，有"乾隆三十三年（1768）建""此桥周回，八面威风，通衢大路，古名浪桥"。大孔高大，栏板两侧刻着"万安桥"三个大字，望柱上有石狮六只。实体条石石墩上刻有"匠人孙其府造""匠人×××造""同治六年七月十三日开工……"等字样。

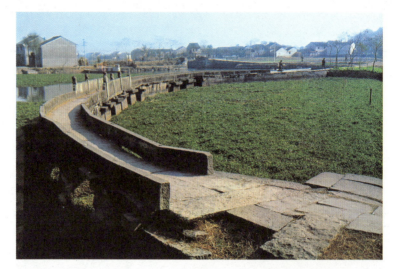

浪桥

浪桥中间的桥孔

浪桥望柱石狮

# 二十九　接渡桥

　　桥在柯桥区中泽村，东西向，横跨鸡笼江，为交通要道。桥由中间孔拱桥、两边两孔石梁桥组成。三孔石拱桥全长 50 余米，三孔跨径相同，拱券均为半圆形，因此，三孔高度一样。拱券上配有拱眉。桥墩采用薄形墩。石级桥面，实体石桥栏，桥栏石柱 14 根，柱顶上有石狮 12 只。梁桥均是等跨径的，梁桥靠拱桥的一端，支承在拱桥墩悬挑出来的条石上，犹如从拱桥中引出来一般，煞费匠心。全桥均匀对称，十分秀丽，与周围环境十分协调。

　　该桥为市级保护文物。

接渡桥全景

接渡桥

接渡桥拱梁接合处及桥面

# 三十　栖凫三接桥

　　桥在坡塘乡栖凫村，丁字交叉河道上，同时跨三段河道，一桥代替三座桥。净跨为 4.00 米，2.50 米，3.00 米，均用三块并列的石板桥面，桥面宽 2.00 米。实体石栏杆，栏杆高 50 厘米，宽 16 厘米。似为清末建造。

栖凫三接桥

三接桥桥面

三接桥桥坡与旁边石平桥

三接桥中间桥墩

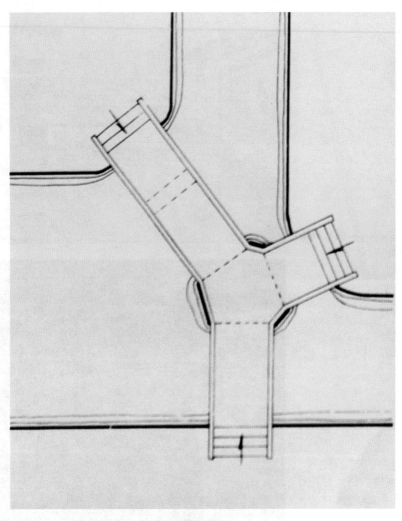

三接桥平面图

寨口桥

# 三十一　寨口桥

　　桥在寨口，位于莲花岗与紫岩山之间，跨越山溪，是一座山区石拱桥。桥全长 30 米，宽 2.6 米，高 10 米。拱券用小块石料按纵联砌筑，为绍兴石桥中所罕见。桥建于清光绪十二年（1886）八月。离桥 20 米左右，有砖木结构桥亭一座，内竖建桥碑记石一块。

寨口桥桥面

寨口桥桥面

寨口桥桥栏

寨口桥拱券

寨口桥碑记石

皋埠大桥

# 三十二　皋埠大桥

　　桥在皋埠乡，又称古登云桥，为单孔石拱桥。拱券为纵联分节砌置，每节用七块拱石，设有拱眉。已于 1982 年拆除。

皋埠大桥龙门石刻

皋埠大桥桥面

# 三十三  春波桥

桥在城内沈园前，为单孔石拱桥。拱券为纵联分节砌置，桥面纵坡很小，采用两根石梁做桥栏。宋代诗人陆游曾在沈园写过一首七绝："城上斜阳画角哀，沈园非复旧池台。伤心桥下春波绿，曾是惊鸿照影来。"故桥又名伤心桥。照片为笔者 20 世纪 50 年代所摄，内为清代重建的单拱桥，早已被毁。

春波桥

（笔者摄于 1950 年代，现已毁）

春波桥今景

# 三十四　宝祐桥

桥在城东，是三跨石梁桥，中间孔径大，两边孔径小，全长约 11 米，桥宽约 5.75 米。为通航较大船只，桥面高于河岸，桥两端均用石级与桥面衔接。石壁桥墩，桥墩石柱上均刻有正楷字两行，其左："时宝祐癸丑（1253）。"其右："重阳吉日立。"石柱上加冒梁，冒梁上凿槽置木梁，上面盖以石梁。此桥乃于 1958 年为笔者所发现，当时石梁桥下仅存木梁一根。

桥已拆除。部分石料建在东湖石桥上。

宝祐桥

宝祐桥河沿

宝祐桥桥墩石柱刻字

沈家桥

# 三十五　沈家桥

　　桥在沈家溇村，单孔半圆形石拱桥，建于明正德六年（1511）

十一月。拱券为纵联分节并列砌置，每节用五块拱石，龙门石上有浮

雕，桥栏板、望柱等造型别致。

沈家桥栏板

沈家桥拱券

沈家桥龙门石

沈家桥望柱

# 三十六　茅洋桥

　　桥在陶堰茅泽村，为单孔半圆形石拱桥。拱肩有四根长系石，两处间壁，拱券为纵联分节砌置。龙门石上雕刻着龙、鲤鱼、狮子戏绣球等不同的图案，石上还刻有茅泽、东廓门等地方资助建桥人的姓名。拱脚处设有纤道，间壁上有题诗，附近存有碑座。桥上无桥栏。

　　桥石碑上记载，该桥建于明朝万历年间，清乾隆五十一年（1786）重建。

茅洋桥长系石头刻及碑石

茅洋桥

茅洋桥龙门石刻

茅洋桥桥碑刻字

# 三十七　泗龙桥

桥在鉴湖乡鲁东村，连接三家村与东鲁圩两个大村庄。桥由三孔石拱桥和二十孔石梁桥组成，全用红石砌成，又称念眼桥。桥南边建有一石亭，行人要穿过石亭走上石梁桥。石亭翘角尖顶。石柱、石墙、石凳、石瓦片，结构别致。石亭与另一端较高的拱桥相映使全桥均衡。桥全长 96.40 米，为 1937 年重建。三孔石拱桥净跨为 5.40 米、6.10 米、5.40 米，桥墩厚 50 厘米，属薄墩，桥上有两对间壁，中孔顶部刻有"泗龙桥"三字，桥堍长 7.60 米。桥宽 3 米。石梁桥一般为 3 米左右一跨，最大孔跨 5 米。桥宽 2 米，由三块石板组成，墩上望柱下端刻有"潘亦祀造""陈标记""潘云邦造""陈圆记"等字样，

泗龙桥

桥栏杆为 50 厘米 ×16 厘米。据说，过去桥狭且无栏杆，雨雪天，桥

面滑，过桥行人常落水溺亡。有一老人为此倡议造现存式样的大桥，

四方百姓都赞成拥护，纷纷捐款或出力出工。望柱上的刻字是建造该

段桥梁的石匠名字。

泗龙桥石梁桥

泗龙桥拱桥桥面

泗龙桥薄墩与桥壁

泗龙桥石梁桥桥孔

泗龙桥拱桥桥坡与桥栏

泗龙桥石梁桥桥墩

泗龙桥桥孔

# 三十八　荷湖大桥

　　桥在斗门荷湖，十四孔石梁平桥，四个高孔，七个低孔。高孔一端用九层石级抬高，中间实体桥墩上用石墩加高。低孔采用石排桩式桥墩，两排石排之间搁置石梁，组合成宽墩，有些外面还加框，桥面较宽。桥头一端采用坐凳桥栏。建于乾隆年间（1736~1795）。

荷湖大桥

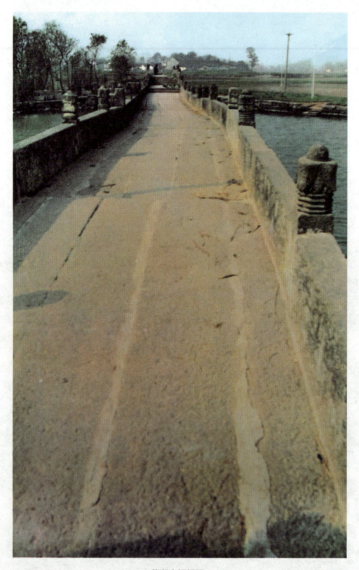

荷湖大桥桥面

荷湖大桥实体桥墩与座式
桥栏

荷湖大桥组合桥墩

荷湖大桥抱鼓

荷湖大桥望柱石刻

荷湖大桥望柱石刻

# 三十九　古虹明桥

桥在五星乡徐山，又名合义桥。桥为多跨石梁桥，分三段，主段五跨，跨径依次为 4.80 米、6.00 米、8.30 米、5.00 米、5.20 米，桥宽 1.30 米。桥面三块条石并列，最长的达 5.70 米。矩形条石，实体桥墩。实体栏杆，高 50 厘米，宽 16 厘米。

桥栏与桥墩上有刻字多处。主跨桥石上刻有"古虹明桥""清嘉庆六年（1801）重建"，其他地方还刻有"匠劳作友造"等字样。

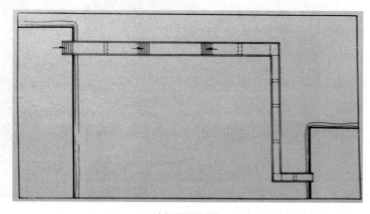

古虹明桥平面图

古虹明桥

古虹明桥桥面

# 四十　万寿桥

　　桥在城东樊家埭，又名蜈蚣桥，1925 年重建，为两端石梁桥、中间一段堤的长桥。主河道通航孔有五孔石梁桥，桥头有一座别致的石亭；支河道通航孔有两孔石梁桥，中间用堤把两段梁桥相接。五孔石梁桥部分刻有"蜈蚣桥"桥名。

万寿桥栏板刻花

万寿桥桥面

望柱石狮

万寿桥

# 四十一　钱塘江边

正是大伏天气，虽然入夜，但余热还是蒸人。何以解暑？求心地清凉。瓜棚小坐，不由得想到——

1980年我住在西子宾馆编《中国古代桥梁史》。这项工作是茅以升老先生主持的。他于杭州有感情，他设计的钱江大桥，平添杭州一景。茅老曾邀我同游大桥。在桥头，我作诗赠他："之江三曲皆成画，十里湖山尽入诗。欲写塔桥难下笔，滩声帆影水迷离。"老人报我莞尔一笑。钱江大桥的成功，除桥本身的雄姿外，主要在于选址的高明。那高耸的六和塔、长虹似的桥身、呈横直线条的构图，大有"若说此桥形胜美，输他千万落江湖"之感。那天我们在江边盘桓很久，不过两人感觉沿江仍是老样子，和新中国成立前相比没有什么大变化。

今年 6 月间我到杭州，为去梅家坞又重过江边，但见风光远胜以往了。车行大雨中，江上一片迷蒙，而滨江大道已筑得如此平整。成功之处在没有用开山加宽车道，并且临水又植上了大树。由树丛中透视江景分外有层次。那三曲的之江，蜿蜒轻流，平平静静；越山青青，在雨中浅画得比水墨更空灵，几乎看不出，在看不出中又露出极淡的笔痕，很是恬适。车到梅家坞，停靠在凉亭旁。这座古色古香的建筑，如今已可算稀世之宝，总算修好，不啻是梅家坞的景致的前奏曲。这地方我已 20 年不到了。记得那年在此品茗，泉冽茶香。这些回忆逗起我此番的重游。这里山居俨然，枕溪石桥，合抱的樟树斜附于淙淙的清流上，从桥的环洞中所刻划出的山景，真是佳者收之，无一处不美。雨仍是在下，然而都是云雾，在云雾中看山，只可依稀得之。梅家坞的山水没有黄山来得峻险，然而在湿云密布中，其境界仍然是能随处皆有，应该说"山不在高，有雾则灵"吧！梅家坞的民居，本来可以说是西湖山区的典型，白墙黛瓦，掩映于翠竹长松之中。高下相间，井然有序，亲切得近乎迷人。孩提时到龙井上坟，那山麓人家也是如此，可惜今日只余梦游了，梅家坞也渐渐地改了旧

钱江大桥

貌。风景区的居民是风景的重要组成部分，国外非常重视。我曾在日内瓦的山中、旧金山的海边，享受过几天村居之乐，那是高楼大厦中生活者远远梦想不到的情趣。人家以此来赚取游客的钱，而我们往往是忽略了。

在山中啜茗，很扫我兴。本来"应信村茶比酒香"，而眼前的却是温水浸茶，香从何来？味又不知何出？二十年的厚情，顿时了断。我很自悔，不应该重来，本可把那美好的回忆保留至永远的。我从这里联想到旅游事业的招待工作——每一个环节都不能忽视啊！

时近午夜，天也渐渐凉爽起来，我不自觉地又想到了江上清风、山中明月，如果在钱塘江边，容我一夜清游，那真飘然若神。可惜我还是在斗室之中。

1984 年 8 月

# 四十二　郭庄桥畔立斜阳

　　杭州西湖去过许多庄子，说得文雅一点，就是私人的别墅或园林，依山傍水，互斗其巧，各逞其胜。风景园林学上称之为大园包小园，皇家园林如北京颐和园万寿山间建了谐趣园，就是仿江南园林特色的。讲得通俗一点，风景区的中小园林，各自成景，正如大宴会的小笼包，拿去了小笼，把包子放在碟子里，吃起来就少了风味与情趣，可惜得很。湖上许多庄子，早已如小笼包扔掉了笼子，敞开供应了，有些也变了样，未免考虑不周吧！

　　湖上小住，信步游了汾阳别墅，俗称郭庄，"郭"在百家姓上属汾阳郡，因此有这样的称法。郭庄原名宋庄，又称端友别墅，清宋端甫建，可能是杭州大绸商宋春源绸庄所造。另有一别墅，在湖里，名春润庐，是宋春舫的别业，徐志摩文章中所谈到（额出林长民所书）的，已是新构。

郭庄在卧龙桥北，离刘庄不远，滨湖之西岸，选址极好。我那天去已是夕阳西下的向晚时分了，虽然小颓风范，而水池宛然。其最令人叫绝者，应该说是跨溪一桥，桥以湖石垒成，上建一阁，桥外西湖如镜，桥内小溪如环，引入园境，此海内孤例也。如果以舟游，从湖上望景色尤美。以此一桥一溪，园与湖贯气了，而登阁舒啸，湖上风光，园中幽色，皆收眼底，构思在"巧"。园固为大池，中隔一亭，分左右两部，亭廊皆面水，以桥洞通湖。水汪洋矣，建筑安排紧凑，可与苏州网师园媲美。但网师园外无景可借，还稍逊一筹呢。

如今郭庄断垣残壁，鹅鸭成群，真有些不忍看，西子蒙尘太可惜了。郭庄的假山折叠得好，在浙中应称上品，可惜有许多好石与立峰，大约被人搬到其他新建公园去了。方池这部分如今已荒芜，只余驳岸桥基，但有此规模，恢复是不难的。

西湖近年来的建设是有成绩的，尤其在封山育山方面做出了全国风景区的典范。但"不薄今人爱古人"，像郭庄这样的遭遇，我为她鸣冤叫屈，几时落实政策呢？其他钱塘门的南阳小庐、岳坟的竹素园、西泠桥附近的杨庄，它们的命运又不知如何！

# 四十三 苏州宝带桥

宝带桥位于苏州市城东南 15 华里，跨运河支流之上，计 53 孔，为江南著名长桥，是研究中国建筑史与桥梁史的重要证物。1956 年春，苏州市当局将该桥损坏六孔加以修复，得使这件文物建筑永垂千载，实是一件值得欣慰的事。

此桥始建于唐代，相传为刺史王仲舒鬻宝带建桥而得名，今距桥远望其形宛如宝带，则名实又复相符了。据明陈循《重修宝带桥记》："运河自汉武帝时，开以通闽越贡赋，首尾亘震泽，东墉百余里，风涛冲激，不利舟楫。唐刺史王仲舒，始作巨堤障之，以为挽舟之路，实郡之要道也。然河之支流，断堤而入吴淞江以达于海，堤不可遏，

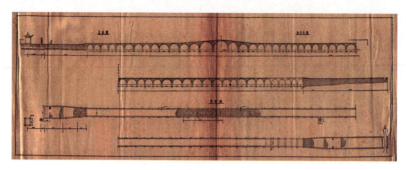

苏州宝带桥图

（图中所示虚线六孔今已按原形修复 1956，4 实测 1056，5 绘图）

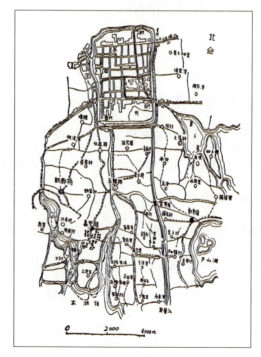

宝带桥附近平面图

桥所为也……"因为在地形上桥平行于运河的西侧，跨于它的三条支流汇水颈口之上，在水涨时，其势甚大，且挽舟者无堤及桥的建造，是无法经过的，因此初期时建堤，后易以桥。至南宋赵昀（理宗）绍定五年（1232），郡守邹应博重建，其后修葺不继、逐渐倾倒，复曾架木桥以之通行，但时发生覆溺之患。到明代朱祁镇（英宗）正统七年（1442），工部右侍郎巡抚周忱与当地知府朱胜计划，越四年工材始满，由李禧者董其役，于正统十一年（1446）11月落成。桥长660米，共53孔，其中较大的三孔，以通大船，到清玄烨（圣祖）康熙九年（1670）巡抚马祐、布政使慕天颜、知府宁云鹏重修，其后奕詝（文宗）咸丰十年（1860）又毁，载淳（穆宗）同治十一年（1872）工程局重建。今日所见之桥，证以文献所载，虽云经后代重修，要其规模形制当存明正统间周忱所建者，尤其长桥卧波，若玉带之横陈，在烟水的江南，平添了多少美景，所以提起宝带桥，便是一幅水乡景色，给游者以最深的留恋。

桥位置在运河三支流（土名玳玳河、年河、其桥河）汇入运河进口之上，平行于苏州通嘉兴的运河，运河之东为吴淞江，系苏沪两地水运干道。相距桥位约300米处，原有苏嘉铁路，今已毁。桥东约30米处，建有公路木排架桥一座，桥长235米，宽3.43米，重建于1934年，为苏嘉公路重要桥梁，因此今汽车可以不经此桥，在保护上起到很大的作用。再西为运河支流玳玳河、年河、其桥河三水汇水处，其面积约36万平方米，此处水流经宝带桥入吴淞口以海，玳玳河流向西北方向，航运至五龙桥再通向太湖；年河与其桥河与苏嘉公路近似平行。记载中所云："风涛冲激，不利舟楫，唐刺史王仲舒始作巨堤障之……然河之支河断堤而入……"殆指此情况而言。

桥的形式为江南习见之石拱桥，因为连续了53孔，故外形若带，倒影水中，真虚互见，确是很美。经我们实测所得，两端拱脚间的距离为249.80米，北端砌驳引道长为23.20米，南端引道为43.08米，全桥总长316.08米。桥计53孔，案桥孔结构跨径可分为三类。（1）计6.95米一孔。（2）6米二孔。（3）4.10米、4米、3.90米者不等的有50孔，其外形并非对称，通船的三孔较高大，位于桥的北面，即民国《吴县志》所称："桥长1320尺，洞其下五十有三，而高其中之三，以通巨舰……"

桥的基础，按江南石拱桥一般做法，墩台（金刚墙）下的基础，大多数在木桩上，我们检查所得，在墩台（金刚墙）下有石块的基础一层长约5.50米，宽约1.50米，再下为桩，其排列方法，在墩台（金刚墙）的长度方向为12根，宽度方向为5根。墩台（金刚墙）系整块

苏州宝带桥桥面

宝带桥全景

宝带桥桥洞

宝带桥桥洞

宝带桥桥洞

花岗岩大条石，其尺寸约为 460 厘米 ×65 厘米 ×50 厘米，为了保证
砌在金刚墙表面上拱肋石（券石）的正确位置，在表面上凿有线槽深
约 6 厘米。（图 1）其他亦有部分墩台（金刚墙）用数块大方石分两层
砌叠的。

全桥拱券的形状为半圆形，其厚度大孔为 20 厘米，小孔为 16

宝带桥桥面踏步

至 18 厘米，各孔都带有护拱石（券伏），宽约 30 至 50 厘米，厚 12 厘米，在较大三孔的护拱石（券伏）上有凸出的拱眉，在外貌上增加了若干美化；（图 2）其砌造的方法系曲线形拱肋石（券石）在拱圈（券）宽度方向是并排砌筑的，但在二层拱肋石之间用一截面为 18 厘米 ×30 厘米或 16 厘米 ×28~30 厘米的通长横锁石连接，其横锁石与曲线拱肋石接触面上做有榫槽相结合，但二者结合处非十分紧密，苏州其他拱桥亦类此做法。（图 3）至于曲线形的拱助石，其尺寸弧长为 122 至 124 厘米，宽 50 至 90 厘米，最窄的为 20 厘米。

全桥筑有直砌边墙（撞券石），石之尺寸大小不等，最长者达两米，宽 25 至 30 厘米，厚 16 至 30 厘米。其砌法每层水平条石之间砌

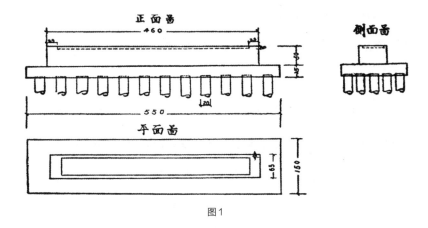

图 1

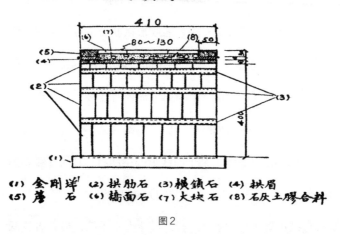

**拱身横剖面**

(1) 金刚锌 (2) 拱肋石 (3) 横镇石 (4) 拱眉
(5) 唐 石 (6) 桥面石 (7) 大块石 (8) 石灰土膠合料

图2

放一长约 2 米的横条石伸进拱中填料内部，伸进部分表面呈锯齿形。横条石从两面伸进边墙，为上下左右呈交叉式地排列，此种做法或有借横条石与填料之间的阻力关系，防止边墙（撞券石）向外鼓出的可能（图4）。

拱中填料为大块石、碎石、石灰浆与土等混合料组成，从南岸已坍塌的桥孔中可以看出桥填料并不密实，故致使桥面渗入填料内的水，经过空隙而溶解了砌缝的灰浆，这样不但使拱券发生变形，同时又使桥面沉陷，造成了桥面凹凸不平的现象。

现在桥上无阑干，同时亦无遗留阑版、望柱等残迹，但我们在檐石表面上发现了类似望柱的榫眼，其每个距离又近相等，容或当时有极简单的卧棍造阑干。（图 5）檐石（仰天石）长 80 至 120 厘米，宽 40 至 50 厘米，厚 12 至 20 厘米，其尺寸不等，皆长方形的块石无枭混绫及装饰雕刻。

桥面宽 4.10 厘米（系二檐石外边至外边的距离），北岸端所有 10 米长的一段，宽为 6.10 米，其后在 15 米长的一段内逐渐从 6.10 米减到 4.10 米。桥面系采用长 1.30 米、0.80 米、0.50 米，宽 0.30，厚 0.16 米等的条石铺砌。至于桥面沉陷，其原因似为填料不实，复无防水层与排水设备所致。

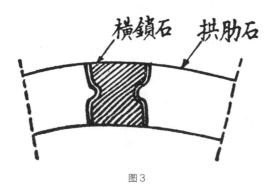

图3

## 剖面 II-II

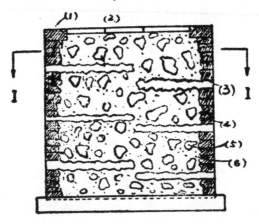

## 剖面 I-I

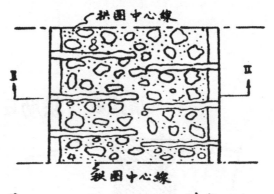

(1) 磨石　(2) 橋面石　(3) 搭条石
(4) 边牌　(5) 大块石　(6) 石灰土胶合料

图4

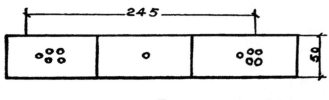

图 5

　　引道砌筑方法与桥边墙（撞券石）部分相同，其下部基础系用大块石叠砌而成的台阶形扩大基础。

　　附属建筑物：桥之北端有石狮二，其西侧者尚存，东侧已倒入河中。桥南端亦置有石狮二。碑亭筑于桥之北端，石制，单檐歇山造，内置有清张中丞树声所书碑记，其地约位于距边孔三两米处。据民国《吴县志》，该亭建于清载淳（穆宗）同治十一年（1872），为当时工程局所建。石塔有二：其一位于石碑亭与石狮之间，高约三米，完整无损，其二位于二十七孔与二十八孔之间东侧，形制与前者相同，现已折断，坠于河中。

1958 年《同济大学学报》第 3 卷第 4 期

宝带桥经幢

宝带桥碑亭及石塔

宝带桥石狮子

# 四十四　建桥之法：石下托木

《吴县志》卷三十二：

　　崇正宫桥见志，嘉庆二十四年道士叶凤梧重建，桥南塑堞桥神、喜神、宅神、井神、灶神、厕神，皆出名手，肖像如生。是年闰四月十四日，忽有垢面道人立桥上，言曰：石性烈，如不加托木，石是断。言讫转西即隐。俄而桥西应声中断如截。众异之，咸悟，谓吕祖降示，亟加托木，桥乃固。（《吴门表隐》引莫颐录）

从周按：宋元梁式桥，其下皆置木梁，已成惯例。此则所记，虽托之神话，亦言建桥之法，阐明石之性能也。

# 四十五　上海现存最古老的两座桥

曩岁我辑《中国古代桥梁资料》，尽供罗怀伯翁英所编《中国桥梁》及《中国桥梁史资料》二书，是二书刊后，又有所获，1962 年我于青浦发现之两座宋元桥梁，不特为上海已知最古者，且于中国桥梁史中亦重要实例。

金泽镇宋桥，名普济桥，位于颐浩寺前，俗名圣堂桥，石呈紫色，故又名紫石桥。为弧形之并列券单拱桥，长 26.7 米，宽 2.75 米，拱跨径为 10.5 米，桥之外形较低平，桥面亦比明清桥窄狭，结构简单。据《金泽志》记载，此桥造于宋咸淳元年（1265），清雍正初年有黄元东者重整石栏。今以实物相证，能相符合。

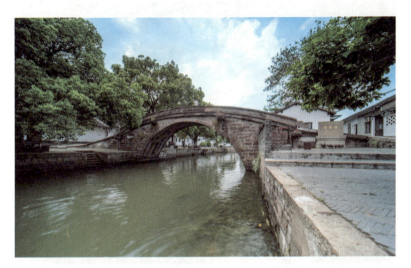

青浦普济桥

普济桥介绍

普济桥桥洞

普济桥桥栏

普济桥桥面

普济桥桥面石刻

迎祥桥在金泽桥之南栅，系一木石砖混合结构桥，挺秀简洁，具有现代桥梁的风姿，不论形制、结构，还是运用之材料，都具有独特的地方。此桥为梁式桥，长 34.25 米，宽 2.41 米，计 5 间，中间最大一间为 5.86 米。其构造是在石柱上置木梁，密横圆形檩木，面铺仄砖，每间隔约 1 米处，复有一列砖。桥面两侧木梁外贴水磨砖，用以保护木梁，兼增美观，整个桥的细部手法非常工整。据《金泽志》记载，这座桥是金泽八景之一，有"月印川流，水天一色"的描写。又据《金泽志》及《青浦县志》的记载，此桥建于元代，明天顺六年（1462）重建，清乾隆五十六年（1791）重修。明清重建重修当指桥之上部，其石柱形式等犹存旧制。

回思罗怀老编上述有关桥梁书时，倾交来寒斋，垂爱至深，不以戋戋之得为不可取者。今下世多年，如及见此桥，又不知其乐何如也。

青浦迎祥桥

迎祥桥桥面

迎祥桥桥洞

迎祥桥桥洞

迎祥桥石刻

迎祥桥桥洞

# 四十六　扬州五亭桥

扬州瘦西湖之五亭桥，一名莲花桥，清乾隆丁丑（1757）创建。五亭桥上置五亭，下正侧有十五洞，月满时每洞各衔一月，甚是奇观。至其形式之来源，未有言及之。按瘦西湖景物布置仿自北京北海，其白塔最为明证。而五亭桥者，盖以金鳌玉蝀桥与五亭两者合而为一；于桥上置五亭，以概况简略之法出之，设计中之妙思也，其因以瘦西湖湖面小，不能一一效仿，穷则思变，变则通矣。吾人自中南海望北海，深受启发。古代匠师于建造之时必受"南巡"时宫监之助，为之介绍北海情况也。

扬州五亭桥远景

五亭桥近景

# 四十七　松江明代石桥

予所见上海市松江县（今松江区）明代石桥之尚存者，永安桥，其题记为"旹（时）大明嘉靖七年（1528）七月吉立""直隶松江府通判郑宜重建"，系单孔石拱桥。《华亭县志》："西果子巷北，旧名俞塘桥，元至正二十一年（1361）陈善建，明天顺间通判洪景德改建以石"之记载。望仙桥，《府志》记："今府东南四百步，见《云间志》，元大德八年（1304）重建。"

松江望仙桥

望仙桥桥面

望仙桥桥面

望仙桥桥面

望仙桥桥洞

# 四十八　沿池置桥

上海豫园黄石假石之涧谷，洵足称为佳构，但其前之桥梁布置亦必妥善安排。所谓安排者，一是指必须因谷涧之衬托而置桥，二要有层次，即沿池者用低平桥紧贴水面，稍后者可用略高之梁式石桥，但后者栏杆不能高，前者可略去栏杆。明代假山设桥以沿池为多，盖十园九小，以此曲笔出之，观苏州艺圃、无锡寄畅园（图照见《苏州园林》）者，可通其消息矣。

豫园沿池置桥

/ 陈从周 / 说桥 /

沿池置桥

# 四十九　庐山栖贤桥

　　江西庐山是我国著名的风景区，历史上遗留下来的寺院及其他古建筑，摩崖题名，尚多存者。石构建筑著名的有宋代栖贤桥，宋、元、明石亭，在建筑史上都有重要价值，1963年夏作调查如下：

　　栖贤桥在星子县（旧南康府治）北十里，为庐山南麓一景。桥跨三峡涧，背负苍山，古树交柯，翠竹摇空，溪流终年如注。宋苏辙《庐山栖贤寺新修僧堂记》："（栖贤）谷中多大石，岌嶪相倚，水行石间，其声如雷霆，如千乘车行者，震掉不能自持，虽三峡之险不足过也。故其桥曰三峡。"又因为在桥的附近有一座栖贤寺，是唐代名贤李渤曾隐读于此而得名的，而此桥遂亦名栖贤桥。

三峡的水，源于庐山五老、汉阳、太乙诸峰，势极猛，流量很大，涧内复多巨石，激流相击，形成"银河倾泻，起蛰千雷"（宋黄庭坚《栖贤桥铭》）的境界。桥的两岸，峭壁峻险，桥下深渊名"金井"。水浅时水面距桥面约20米。桥的选址是从星子县通庐山的要道，因此建造了这座飞凌南北的跨峡桥。

　　桥为单券石造峡桥，在山洪暴发时，水势汹涌，故架空为之，并且利用了原来两峡岩形，桥墩南北高低不一致，南侧稍高于北侧。在北墩之前有一岩伸出，在岩上置石桌凳，为游人观涧的地方。岩面有马朋书"金井"二字巨刻。桥墩作须弥座状，桥的跨径为10.33米，桥面宽4.94米，长20.17米。系用九道独立拱券并列砌置，东西两侧已各毁一道。券石首尾相衔，凹凸相楔，以今存七道券计，共用石107块。券石按榫卯之凹凸，可分三种形式。在桥的正中券石刻有："维皇宋大中祥符七年岁次甲寅二月丁巳朔建桥，上愿皇帝万岁，法轮常转，雨顺风调，天下民安。谨题。"大中祥符七年为公元1014年，距今已近千年。除桥面栏杆等于1927年重修加建外（民国《庐山志》），前年（1962）星子县人民委员会又一度刷缝。迄今石桥仍坚挺卧涧上，继续发挥其交通与自成景色的作用。在东侧外券第六块石上刻："江州（九江）匠陈智福、智海、智洪所造。"东侧第二券第七块石上刻有

"建州僧文秀教化造桥"，西侧外券第七块石刻有"福州僧德朗句当造桥"。这里明白地指出了真正建造此桥的劳动者与教化者，是一份可宝贵的建筑匠师资料。而明王棉《游栖贤寺观三峡桥记》："又云桥鲁班造，盖谓坚致壮奇，非班乃能造耳，非谓真造于班也。"这样的说法正与赵县隋代安济桥出自鲁班之手一样，是当时群众心目中对这样一座工程艰巨的石桥创建者所予以的高度评价。

据民国《庐山志》所载，桥从宋元以来的石刻题记，已佚者有宋黄庭坚《栖贤桥铭》52字。"三峡桥"三字（在涧内）传亦为黄庭坚书。宋淳熙己亥（1179）新安朱熹题名78字。宋钱闻诗三峡桥诗七律八韵。庚寅题识等。今存者北墩有"王蔺以淳熙戊……""嘉靖壬子（1552）正月既望同知南康府事江伊到此""大理评事签……事杨"。南墩有"衡山陈振东游男定……"等题记。至于北墩壁面所刻莲花图案，其手法与浙江绍兴市宋宝祐四年（1256）建的八字桥石柱上者相同，足证为宋时所刻。

栖贤桥利用高谷山岩，飞架南北，既利交通，又减少山洪冲击，在相地上利用因地制宜的传统手法，又就地取材，节省了运输与人工。拱券结构仍沿袭了赵县隋代大石桥并列券的做法，在构件上则有所改进与提高，券石应用了凹凸榫卯，似欲补救大石桥用腰铁之弊，以增加联系强度。上海青浦县（今青浦区）金泽镇宋咸淳元年（1265）建造的普济桥，在时间上相距已251年，还沿用并列券法，券下石刻莲花图案亦复相似，足证宋代栱桥之大概了。又江西清江县阁皂山的鸣水桥，系单孔石券造，有"大宋政和元年辛卯岁阁皂山道众化缘信……""……人财物建此桥至四年冬至日毕工谨题"。政和元年为1111年，已迟栖贤桥近百年，桥在体量上较栖贤桥低小得多，施工时间费四年之久，那么，栖贤桥的建造所费时日亦可想见。这对宋石券桥的施工提出了有证的资料。

摘自《庐山的宋元明石构建筑》

栖贤桥

栖贤桥下题字（局部）

# 五十　鲁中纪行

　　我们从益都出城，如果雇一只毛驴，跨鞍缓行，垂杨夹道，远山凝翠，轻蹄扬鞭，嘚嘚于曲折的山径中，那种洒脱出尘的风度，自信亦是难得的境界。到了驼山的鬓边，小憩看山，那环抱无边无际的层层峰峦，看不见有一处空隙，好如一个大的绿色翡翠盆，山是盆的边缘，平畴阡陌，村落人家，则都在盆底。我也算看过一些山景，但没有像这里那样密不通风地环抱得那样紧的。而云门山又相依在驼山之侧，从下面望山顶，云门仿佛一个莹环，玲珑空透，可惜山面的建筑物全都毁坏了，不知哪一天，才能恢复它原来的仙山楼阁。同样，驼山也秃其首，旧迹无存了。这些都是亟待修建的。中国的名山，那些寺观、石刻都是增辉的点缀，尤其有着中国民族的风景特征。记得前一天我上云门山，曾赋小诗，因为新修了石阶，故有"瑶阶步步入林深，不觉身随山径增。何日废壤成妙境，仙山楼阁望云门"。游此二山者，总要从志书或导游上抄一段石窟的记录，自己才算是博雅的君子，恕我无才，我未能多着一笔。

益都旧为青州府治所在，明代有藩邸，清代有满城，重镇于此。因此青州城墙以青砖筑，特别坚固完整，可惜今日只存此门外万年桥旁短短的一段，兴我凭吊。万年桥是明建经清重修者。七拱大石桥，长 65.3 米。石刻甚工整。据《渑水燕谈录》记载："青州城西南皆山，中贯阳水，限为二城。先是跨水植柱为桥。每至六七月，山水暴涨，与木柱斗，率常坏桥，州以为患。明道（1032～1033）中英公守青，思有以捍之，会得牢城废卒有智，思垒巨石固其岸，取大木数十相贯，架为飞桥，无柱。至今 50 余年，桥不坏。"此桥王曾撰记，米芾书碑，惜已不存。而木拱桥记载可珍也。

1983 年夏初

青州万年桥

# 编后记

　　我的童年和少年是在老家永康江边度过的。我几乎每天都从江上的一座古桥走过，还常在桥边玩耍，后来我知道这座桥叫西津桥，是始建于清康熙五十七年（1718）的石桥墩木结构重檐廊桥。

　　1981年5月，陈从周先生对此桥作了详细的考察与鉴定，经陈先生推荐，西津桥被收入著名桥梁专家茅以升先生主编的《中国古桥技术史》一书中。1989年春，陈从周先生请茅以升先生题写了桥名，同时陈先生也题写了"义川普渡"四个大字，悬挂在桥的北次间西侧。据说西津桥是中国现存的最长的古廊桥。能得以妥善保护陈从周先生功莫大焉。

　　我常常走在桥上，在陈先生题写的"义川普渡"匾额前驻足，抬起头，久久凝视。在我的脑海中，记住了"陈从周"三个字。也许是缘分，后来我成为陈先生的再传弟子。每次回老家，都会去看看西津桥，从桥的这头走到那头，有时走几个来回，凭桥远眺，细观木廊，我似乎能够感受到历史、文化、艺术、乡情。

　　中学时代，我开始阅读陈从周先生的文章，被他的美文深深吸引。后来我临他的画，游他的园，更为他的博大精深所折服。我的两位书画老师陆亨先生（陆俨少大师之子）、林筱之先生（林散之大师之子）都已经是八九十岁的老人了，在授课时，常会谈及陈从周先生，对他渊博的学识、杰出的贡献、高尚的人格、仁善的性情，赞不绝口。总会说："陈先生好人啊！"

2017年夏天，我开始编《陈从周说桥》，这一年间，我将陈先生所有的文章全部阅读了一遍，从中寻找其论及桥梁的文字，并且找到这些文字最早发表的期刊、书籍进行校对。

这本书的一部分图片选自陈从周先生主编的《绍兴石桥》，另外许多图片是由我和强峻、陆治玮、王仕龙、陈卓尧拍摄的，我向他们表示衷心的感谢。现在回想起来，陈从周先生真是魅力无穷，其间大家拍摄照片的艰辛与快乐非三言两语所能描述。亲自拍摄之外，强峻请了他在杭州、绍兴、诸暨、临安的诸多好友，王仕龙请他北京的朋友，陈卓尧请他西安的朋友参与了拍摄。在此，我向这些素未谋面、不知姓名的朋友表示衷心的感谢。陆治玮原本暑假要去庐山避暑的，为了帮我拍摄照片而改变了行程，他说，拍照如同"田野考察"一般。就这样，半年多来，大家不顾风吹日晒，不计报酬，甚至不顾伤痛，为了拍摄先生文章中提及的桥梁照片四处奔走。有些地方是不通车的，只能步行；有时四处打听，费尽周折终于找到了拍摄目标，可惜桥已不在了，只能无奈叹息。大家都怀着对陈先生的崇敬之情，对中华文化的敬畏之心。我向他们致谢，他们却说："读了你给我们的陈先生的文章，去拍照，真的学到了许多东西。"

陈从周先生咏桥的美文妙句，就如同华夏大地上或澎湃、或蜿蜒、或宽阔、或纤细的水面上那千姿百态的桥，把人与人、人与自然连接了起来。

我要感谢社会科学文献出版社对本书的出版给予的大力支持，感谢编辑杨轩、刘玉静女士和设计师蔡长海先生的精雕细琢。

最后，我还要向陈先生的女儿陈胜吾老师表示衷心的感谢，感谢她对我们这些年轻人的信任。

勾惊痕

2018 年 9 月 24 日戊戌中秋

于心畅轩灯下

图书在版编目（CIP）数据

陈从周说桥 / 陈从周著；勾愫痕编. -- 北京：社
会科学文献出版社，2018.11
（百年从周）
ISBN 978-7-5201-3522-1

Ⅰ. ①陈…　Ⅱ. ①陈…　②勾…　Ⅲ. ①古建筑－桥－
中国－文集　Ⅳ. ①K928.78-53

中国版本图书馆CIP数据核字（2018）第220851号

·百年从周·

# 陈从周说桥

著　　者 / 陈从周
编　　者 / 勾愫痕

出 版 人 / 谢寿光
项目统筹 / 杨　轩
责任编辑 / 杨　轩　刘玉静

出　　版 / 社会科学文献出版社·北京社科智库电子音像出版社（010）59367069
　　　　　地址：北京市北三环中路甲29号院华龙大厦　邮编：100029
　　　　　网址：www.ssap.com.cn
发　　行 / 市场营销中心（010）59367081　59367083
印　　装 / 北京盛通印刷股份有限公司

规　　格 / 开　本：787mm×1092mm　1/16
　　　　　印　张：14.25　字　数：126千字
版　　次 / 2018年11月第1版　2018年11月第1次印刷
书　　号 / ISBN 978-7-5201-3522-1
定　　价 / 79.00元

本书如有印装质量问题，请与读者服务中心（010-59367028）联系